MOUCHE.

Son costume l'emportait encore en simplicité sur celui
du père Fourchon.

(LES PAYSANS.)

FOURCHON

Un de ces vieillards affectionnés par le crayon de Charlet, qui tenait
de ses troupiers et de ses immortels balayeurs.

(LES PAYSANS.)

NISERON.

Il n'y a pas de plus honnête homme.

(LES PAYSANS.)

M. BECKER

Lisait un in-folio placé sur d'autres livres
comme sur un pupitre.

(SÉRAPHITA.)

CORENTIN.   LE COMTE DES LUPEAULX.

Vous pouvez vous entendre avec Monsieur..... c'est le fameux
Corentin.

(DERNIÈRE INCARNATION DE VAUTRIN.)

AMÉLIE CAMUSOT.   DIANE DE MAUFRIGNEUSE.

La femme de chambre racheva l'œuvre en donnant une robe.

(DERNIÈRE INCARNATION DE VAUTRIN.)

MADAME MARNEFFE.   LISBETH.

.....Car elles se traitaient mutuellement de ma petite.

(LA COUSINE BETTE.)

LOUIS LAMBERT.

Il se tenait debout, les deux coudes appuyés sur la saillie
formée par la boiserie...

Paris. — Imp. POTEMIN, rue Daudette, 2 et 4.

L'abbé Birotteau, petit homme court, de constitution apoplectique, avait déjà subi plusieurs attaques de goutte.

La grande Nanon appartenait à M. Grandet
depuis trente-cinq ans.

(EUGÉNIE GRANDET.)

Elle s'assoit complaisamment à la fenêtre...

(EUGÉNIE GRANDET.)

GOUPIL.

Aussi son visage semblait-il appartenir à un bossu
dont la bosse eût été en dedans.

(URSULE MIROUET.)

MADAME DE PORTENDUÈRE.

Vêtue de deuil, elle avait arboré un air solennel, en harmonie avec
cette chambre mortuaire.

(URSULE MIROUET.)

BRUGNOT   H. MONNIER.

MADAME DE PORTENDUÈRE.

Vêtue de deuil, elle avait arboré un air solennel, en harmonie avec
cette chambre mortuaire.

(URSULE MIROUET.)

C'est là, répondit-il avec mélancolie, en montrant un bouquet de noyers
sur la route, là que, prisonnier, je vous vis pour la première fois.

(LA FEMME.)

Paris. — Imp. POITEVIN, rue Damiette, 4 et 4.

FERRAGUS XXIII.

Il s'appuyait contre un arbre quand le cochonnet s'arrêtait.

(FERRAGUS.)

Ses amis, pris de vin comme lui, l'auront laissé se coucher
dans la rue...

(FERRAGUS.)

BRIGAUT.

..... Enfin toutes ces choses humbles et fortes qui
composent le costume d'un pauvre breton.

(PIERRETTE.)

BOURGEAT.

Cet homme avait la foi du charbonnier : il aimait la sainte Vierge
comme il eût aimé sa femme.

(LA MESSE DE L'ATHÉE.)

LE MARCHAND DE CURIOSITÉS.

Une barbe grise et taillée en pointe cachait le menton
de cet être bizarre.

(LA PEAU DE CHAGRIN.)

RAPHAEL.

Son regard attestait des efforts trahis, mille
espérances trompées !

LA PEAU DE CHAGRIN.)

Paris. — Imp. POUPART, rue Bouille, 1 et 3.

PAULINE.

Un jeune chat accroupi sur la table se laissait barbouiller de café par Pauline ; elle folâtrait avec lui, défendait la crème qu'elle lui permettait à peine de flairer...

(LA PEAU DE CHAGRIN.)

FŒDORA

Était étendue sur un divan, les pieds sur un coussin; un béret oriental avait ajouté je ne sais quel piquant attrait d'étrangeté à ses séductions.

(LA PEAU DE CHAGRIN.)

MAITRE ANSEAU

Estoyt ung masle à visaige de lion et soubz les sourcilz duquel sourdoyt ung resguard à fondre l'or.

(PERSÉVÉRANCE D'AMOUR.)

Sarrasine la crayonna dans toutes les poses : il la fit sans voile,
assise, debout, couchée... etc.

(SARRASINE.)

BAULANT

Aux uns il faisait horreur, aux autres il faisait pitié.

(LE PÈRE GORIOT.)

VAUTRIN.

Sa figure, rayée par des rides prématurées, offrait des signes de dureté
que démentaient ses manières souples et liantes.

(LE PÈRE GORIOT.)

HENRI DE MARSAY.

Quoiqu'il eût vingt-deux ans accomplis, il paraissait en avoir
à peine dix-sept.

JUANA.

C'était une figure blanche, où le ciel de l'Espagne avait jeté
quelques légers tons de bistre.

(LES MARANA.)

Cette femme semblait ensevelie dans une
méditation profonde.

(ADIEU.)

CHRISTOPHE

Était bien le peuple qui se dévoue, qui se bat
et qui se laisse tromper.

(CATHERINE DE MÉDICIS.)

LAURENT RUGGIERI.

Sa figure sévère, où des yeux noirs jetaient une flamme aiguë,
communiquait le frémissement d'un génie sorti de sa profonde
solitude.

(CATHERINE DE MÉDICIS.)

GODEFROID.

Au premier coup d'œil vous eussiez cru voir un enfant
ou quelque jeune fille déguisée.

(LES PROSCRITS.)

Paris. — Imp. PLIPLAIS, rue Damiette, 2 et 4.

GABRIELLE.

Son front était rêveur, souvent étonné, riant parfois, et toujours
d'une auguste sérénité.

(L'ENFANT MAUDIT.)

GERTRUDE.   FERDINAND.

Je vous ai vu.....

                                              LA MARATRE.

Paris. — Imp. PLATRAIN, rue Damiette, 2 et 4.

LA COMTESSE DE MORTSAUF.

Enfin il me mena vers cette longue allée d'acacias.....
où j'aperçus, sur un banc, Mme de Mortsauf occupée avec
ses deux enfants.

(LE LYS DANS LA VALLÉE.)

MADEMOISELLE CORMONT.

Mais la pauvre fille avait déjà plus de quarante ans !

(LA VIEILLE FILLE.)

LE CHEVALIER DE VALOIS D'ALENÇON.

Son principal vice était de prendre du tabac dans
une vieille boîte d'or....

(LA VIEILLE FILLE.)

BAULANT

DU BOUSQUIER.

Il avait conservé le costume à la mode au temps de sa gloire.

(LA VIEILLE FILLE.)

LUCIEN CHARDON.

Il se courrouça, il devint fier, et se mit à écrire la lettre suivante
dans le paroxysme de la colère.

UN GRAND HOMME DE PROVINCE.

EVE ET DAVID SÉCHARD.

Quand les deux amants furent seuls, David se trouva plus embarrassé
qu'il n'avait été dans aucun moment de sa vie.

LES DEUX POÈTES.

JOSEPH.   VAUTRIN.

Je t'ai demandé les empreintes de toutes les serrures.....

(VAUTRIN.)

QUINOLA.   LE CAPITAINE.

Croyez que je professe, avec l'immense majorité des Espagnols,
une aversion radicale pour..... la potence.

(RESSOURCES DE QUINOLA.)

JOSEPH.   PAMELA.

-Mais où allez-vous donc?..... Vous n'êtes ici ni dans la rue ni chez vous.

(PAMÉLA GIRAUD.)

SÉCHARD.

Vous eussiez dit une truffe monstrueuse enveloppée
par les pampres de l'automne.

(ILLUSIONS PERDUES.)

A.BAULANT.SC.

HENRI MONNIER

, Braulard a vingt mille livres de rentes,
puis il a ses claqueurs.

ILLUSIONS PERDUES.

Imp. POITEVIN, rue Damiette, 2 et 4.

MONSIEUR BLONDET.

Le bonhomme aimait passionnément l'horticulture.. .. il avait
l'ambition de créer de nouvelles espèces.....

LE CABINET DES ANTIQUES.

MADEMOISELLE D'ESGRIGNON.

Quand je la voyais venant de loin sur le cours..... et qu'elle
y amenait Victurnien, son neveu, etc., etc.

(LE CABINET DES ANTIQUES.)

L'ANGEVIN.   LE BOURGUIGNON.   LE PICARD.

Ces trois chats fourrez devalloyent en la foyre après désieuner
bien abreuvez, pansez, pansus.

(LES TROIS CLERCQS DE SAINCT-NICHOLAS.)

LE COMTE DE MORTSAUF.

Maigre et de haute taille, il avait l'attitude d'un
gentilhomme, etc.....

(LE LYS DANS LA VALLÉE.)

LA BELLE-MÈRE.

Elle jette, tout doucement et avec des précautions infinies,
de l'huile sur le feu.

VIE CONJUGALE.

BIXIOU.

Votre nom? dit Joseph, pendant que Bixiou croquait la femme
appuyée sur un parapluie, etc., etc.

UN MÉNAGE DE GARÇON

JEAN-JACQUES ROUGET

A la mort de son père, Jacques, âgé de trente-sept ans, était aussi timide et soumis
à la discipline paternelle que peut l'être un enfant de douze ans.

(UN MÉNAGE DE GARÇON.)

H. MONNIER.

LA VEUVE DESCOINGS.

Depuis une dizaine d'année, la Descoings avait pris les tons mûrs
d'une pomme de reinette à Pâques.

(UN MÉNAGE DE GARÇON.)

DENRI MONNIER DEL.

CHEVAULAET SC

PHILIPPE BRIDAU.

Philippe fut un des bonapartistes les plus assidus du café Lemblin. Il y prit les habitudes,
les manières, le style et la vie des officiers à demi-solde, etc., etc.

GAUDISSART.

... Chacun de dire en le voyant : — *Ah! voilà l'illustre Gaudissart!*

MADAME GRUGET.

... Des guenilles qui marchent! C'était, en effet, un tas de linge
et de vieilles robes les unes sur les autres, etc.

www.ingramcontent.com/pod-product-compliance
Lightning Source LLC
Chambersburg PA
CBHW060621100426
42744CB00008B/1461